교회력 그리고 기도

교회력에 따른 기도 묵상

최주훈 지음

잘못된 책은 바꾸어 드립니다.
이 책은 저작권법에 따라 보호받는 저작물이므로 무단전재와 무단복제를 금합니다.

교회력 그리고 기도

초판 1쇄 2024년 7월 15일

지은이 최주훈
펴낸이 김문선
펴낸곳 이야기books
출판등록 2018년 2월 9일 제2018-000010호
주소 경기도 안산시 상록구 부루지1길 40 지층
전화 070-8876-0031
팩스 0504-254-2932
이메일 story-books@naver.com
홈페이지 www.story-books.co.kr

ⓒ최주훈, 2024
ISBN : 979-11-91434-17-0 (03230)
가격: 13,000원

세상에 이야기를 선물하다

일러두기
절기의 기간은 매해마다 차이가 날 수 있습니다.
교회력의 명칭과 축일은 각 교단마다 다르게 적용될 수 있습니다.

서문

교회력에 따른 기도 묵상집, 〈교회력 그리고 기도〉를 펴냅니다. 그리스도의 생애에 따른 교회력은 신앙인의 삶에 리듬을 불어넣고, 구원의 서사시 속에 동참하게 합니다. 대림절의 고요한 기다림에서 시작하여, 부활절의 환호성을 지나 성령강림절의 은총을 넘어 왕이신 그리스도의 날에 이르기까지, 우리는 매 순간 그리스도와 함께 하는 신비로운 여정을 걷게 됩니다.

교회력은 2천 년 교회 역사와 신학의 열매이기에 이를 통해 얻을 수 있는 유익은 수없이 많습니다. 한 개인의 영성뿐 아니라 전 세계 교회가 한 몸이라는 것을 고백하는 실질적이고 소중한 통로가 교회력이기도 합니다. 교회력에 따라 교회가 함께 움직일 때, 우리를 위해 행하신 놀라운 구원의 사건들을 신앙인 개인과 교회 안에 깊이 새길 수 있을 겁니다. 그리스도 안에서 신앙의 길이 다양한 듯 교회력을 이용하여 신앙 성장을 도모하는 방법도 다양합니다. 그것은 마치 서로 다른 다양한 빛이 한데 어우러져 찬란한 무지개가 되는 것과 같은 이치입니다.

교회력에 맞춰 기도문을 넣었습니다. 이 기도문은 예수 그리스도의 탄생과 수난, 부활과 승천의 리듬에 맞춰 제공됩니다. 공동 예배와 기도 시간에 활용되어 성도들의 마음을 하나로 모으고, 신앙의 절기를 따라 숨 쉬며힘을 얻는 공동체를 이루게 할 겁니다. 기도문 아래 제시된 성경 구절을 찾아 보길 바랍니다. 좀 더 다양한 성경 묵상을 원한다면, 3년 주기 성구집(Revised Common Lectionary)을 참조하길 권합니다. 때로는 침묵 가운데 깊은 영성을 체험하고, 때로는 환희로운 찬양을 드리며 하나님의 은총을 맞이하는 통로가 될 것입니다.

교회력을 통해 우리는 매년 반복되는 그리스도의 삶과 구원 사역에 동참하면서 우리 자신의 신앙생활도 새롭게 점검하고 성장할 수 있습니다. 매년 같은 절기가 돌아올 때마다 과거의 신앙을 반성하고, 현재의 삶 속에서 그리스도를 더욱 깊이 만나며, 미래의 비전을 발견하게 됩니다. 이렇듯 교회력은 우리의 신앙생활 전반에 걸쳐 많은 유익을 가져다줍니다.

교회력의 주요 절기마다 그 유래와 의미를 소개했습니다. 이를 통해 기독교 신앙의 역사에 담긴 깊고 풍성한 뿌리를 엿볼 수 있을 겁니다. 여기 소개되는 교회력과 기도는 신앙을 돕기 위한 보조자료일 뿐입니다. 여기에 첨삭을 더해 여러분의 진심 어린 기도가 되면 좋겠습니다.

이 책을 만들어 주신 김문선 대표에게 감사를 드립니다. 그분의 아이디어로 이 작업이 시작되었습니다. 특히 감사드리는 건, 표지 디자인에 관한 일입니다. 검은색 바탕에 흰색 글씨, 그리고 주변을 감싼 다양한 색조는 이 책에 담긴 모든 내용을 한 장에 담은 것 같아 놀랐습니다. 검정은 암울한 우리의 현실을, 흰색 글씨는 희망을 담습니다. 그리고 그 희망을 희망되게 만드는 건, 다양한 색깔의 사람들이 만들어내는 삶의 소리들, 다양한 기도들입니다. 부디, 이 작은 책이 우리 신앙 한 켠을 견조하게 만드는 삶의 작은 조각이 되길 바랍니다.

2024. 5. 1. 남산 밑 후암동에서
최주훈 (중앙루터교회 담임목사)

contents 목차

서문 . 4

교회력 그리고 기도 (1) 대림절 . 10

대림절 . 12
대림절 둘째 주일 . 14
대림절 셋째 주일 . 16
대림절 넷째 주일 . 18

교회력 그리고 기도 (2) 성탄절 . 20

성탄절 . 22
성탄 후 첫째 주일 . 24
송구영신 . 26
새해 첫날 . 28

교회력 그리고 기도 (3) **주현절** . 30

주현절 . 32
주현 후 첫째 주일 : 예수님의 세례 . 34
주현 후 둘째 주일 . 36
주현 후 셋째 주일 . 38
주현 후 넷째 주일 . 40
주현 후 다섯째 주일 . 42
주님의 산상변모일 . 44

교회력 그리고 기도 (4) **사순절** . 46

재의 수요일 (사순절 첫날) . 48
사순절 첫째 주일 . 50
사순절 둘째 주일 . 52
사순절 셋째 주일 . 54
사순절 넷째 주일 . 56
사순절 다섯째 주일 . 58
종려주일 : 고난주일 . 60
성주간 목요일 . 62
성주간 금요일 . 64
성주간 토요일 . 66

교회력 그리고 기도 (5) **부활절** . 68

부활절 . 70
부활절 둘째 주일 . 72
부활절 셋째 주일 . 74
부활절 넷째 주일 . 76
부활절 다섯째 주일 . 78
부활절 여섯째 주일 . 80
부활절 일곱째 주일 . 82

교회력 그리고 기도 (6) **성령강림절** . 84

성령강림절 . 86
삼위일체주일 . 88
성령강림 후 둘째 주일 . 90
성령강림 후 셋째 주일 . 92
성령강림 후 넷째 주일 . 94
성령강림 후 다섯째 주일 . 96
성령강림 후 여섯째 주일 . 98
성령강림 후 일곱째 주일 . 100
성령강림 후 여덟째 주일 . 102
성령강림 후 아홉째 주일 . 104
성령강림 후 열째 주일 . 106
성령강림 후 열한째 주일 . 108

성령강림 후 열둘째 주일 . 110
성령강림 후 열셋째 주일 . 112
성령강림 후 열넷째 주일 . 114
성령강림 후 열다섯째 주일 . 116
성령강림 후 열여섯째 주일 . 118
성령강림 후 열일곱째 주일 . 120
성령강림 후 열여덟째 주일 . 122
성령강림 후 열아홉째 주일 . 124
성령강림 후 스무째 주일 . 126
성령강림 후 스물한째 주일 . 128
성령강림 후 스물둘째 주일 . 130
성령강림 후 스물셋째 주일 : 추수감사 . 132
교회력 마지막 주일: 왕이신 그리스도의 날 . 134

교회력 그리고 기도

_대림절

　대림의 시기는 교회력의 첫 번째 절기입니다. 성탄절 전 4주간 예수의 성탄과 다시 오심을 기다리는 기간입니다. 이 절기의 이름은 '오다'라는 뜻의 라틴어 'Adventus'에서 유래하였습니다. 이는 예수 그리스도의 오심을 기다린다는 의미를 내포하고 있습니다. 우리는 세 가지 주님의 오심을 마음에 새겨야 합니다. 이천 년 전 베들레헴에 오신 주님, 오늘 우리에게 말씀과 성찬으로 오시는 주님, 온 세상의 구주로 다시 오실 주님. 대림의 시간에 그리스도인들은 이 세 가지 오심을 몸과 마음에 새기며 기도, 금식, 자선, 절제를 강조하고 실천합니다.

교회력에 따른 기도 묵상

로마가톨릭교회에서는 "닫힌 절기"(geschlossene Zeit)로도 칭합니다. 로마가톨릭 교회에선 이 기간 춤을 추거나 축제를 하는 것은 금지했고, 조용하게 치러지는 결혼식 외에는 아무것도 허용하지 않던 때도 있었습니다. 1917년부터는 새로운 '로마교회법령'에 의해 금식과 결혼식 금식 규정을 모두 푼 역사가 있습니다. 하지만 로마 교회뿐만 아니라 모든 교회는 아직도 그 정신을 그대로 간직하고 있습니다. 대림의 시기엔 검소, 절제, 기도의 생활에 집중하며 거룩한 탄생(성탄)으로 오셨던 주님, 그리고 다시 오실 주님을 기다리며 정결하고 절제하는 마음으로 생활합니다.

대림절을 의미 있게 기념하는 교회의 특별한 전통이 있습니다. 그중 특별한 건, 대림환(대림초) 장식입니다. 19세기 독일 함부르크에서 가난한 노동자 아이들과 부랑자 아이들과 함께 생활하던 요한 힌리히 비헤른 목사(루터교)가 성탄을 의미 있게 전하기 위해 고안한 것입니다. 매일 저녁 초를 하나씩 밝히며 그리스도의 탄생과 성경 이야기를 아이들에게 전했던 일이 대림환(대림초)의 유래입니다. 이런 작은 일을 통해 아이들에게 성탄의 기쁨을 준비하게 했던 것입니다.

대림절의 색을 속죄와 회개를 상징하는 보라색입니다. 주일마다 대림초를 하나씩 밝히며, 빛이신 그리스도께서 다가오심, 그리고 이와 동시에 우리도 그리스도를 향해 빛으로 나아감을 고백합니다. 기도, 자선, 절제를 통해 주님 오심을 대망하는 신비의 시간이 되길 바랍니다.

대림절

주님, 당신께서 우리에게 오실 날을 기다립니다.

지금 우리의 마음이 온통 엉켜 있습니다.

무뎌진 마음, 상한 감정이 켜켜이 쌓여갑니다.

주님, 우리를 도우소서.

희망이 안 보이는 자리에서 주님을 기다립니다.

이익에만 민감했던 마음을 되돌리며 주님을 기다립니다.

남몰래 버려둔 나의 십자가를 다시 지며 성탄을 기다립니다.

움켜쥐기만 하던 손을 펴며 다시 오실 주님을 기다립니다.

주님께서는 우리와 항상 함께하겠다고 약속하셨습니다.

우리가 지금 당신의 복된 약속을 붙잡습니다.

성탄으로 오시는 주님이 우리의 구원자이시니

당신의 이름을 내 입과 귀와 마음에 채우소서.

예수님 이름으로 기도합니다. 아멘.

찾아읽기 | 야고보서 5:7, 마태복음 21:1-11

|묵상&기도노트|

내 마음의 주인이 누구인가요?
마음의 주인에 따라 기다림의 대상이 누구(무엇)인가로 결정됩니다.
성탄을 기다리는 대림의 절기입니다. **나는 무엇을 기다리며 사나요?**

대림절 둘째 주일

성탄으로 오시는 주님,

당신은 마른 나뭇가지에 푸른 싹을 돋게 하시고,

죄와 허물로 죽은 이 땅에 생명을 주십니다.

하나님 안에서 죽음을 취하시고 기꺼이 생명을 주셨으니

당신을 신뢰하는 우리를 붙들어주시어 흔들리지 않게 하소서.

당신이 불어넣어 주시는 신비로운 생명의 숨으로

하나님의 영광 앞에 서게 하소서.

순결한 아기로 오시는 주님을 기쁘게 찬송하며 기다립니다.

예수님 이름으로 기도합니다. 아멘.

찾아읽기 | 이사야 11:1, 로마서 13:8-9

| 묵상&기도노트 |

왕족이던 다윗 가문이지만 지금은 평범한 양치기 가족일 뿐입니다. 더는 왕족의 권력과 위엄도 보이지 않습니다. 하지만 바로 그때 하나님은 모든 생명에게 당신의 아들을 내어주십니다. 그루터기에 비 온 다음 거기서 파란 싹이 돋아 줄기로 자라는 신비처럼 하나님은 가망 없는 세계에 희망을 주십니다. **성탄을 기다리며 새롭게 회복해야 할 삶의 주제**들을 적어보며 기도합시다.

대림절 셋째 주일

마리아에게 찾아오신 주님,
우리에게도 찾아와 주소서. 연약한 마리아의 마음과 입을 열어
감격으로 구원을 찬송케 하신 것처럼 우리 눈과 귀와 입,
그리고 마음을 열어주소서.
혼란한 세상 한가운데 오셔서 새로운 창조를 이루시고,
이곳에 하나님의 자비와 정의가 흐르게 하소서.
주의 뜻을 바라며 사는 모든 교회가 바르고 정직하며
신실하게 당신의 길을 따르게 하소서.
대림이란 기다림의 시간을 복되게 하시고
성탄을 기다리며 기도하는 이들을 복되게 하소서.
당신께서는 이 세상에 다시 오셔서
모든 것을 회복시키겠다고 약속하셨습니다.
당신의 복된 약속 안에 우리 삶과 마음을 묶어 주소서.
우리의 몸과 마음을 주님께 맡깁니다.
하루하루 당신을 향해 나아가는 여정에 새 힘을 주시고,
마지막 날 당신을 만나기까지 선한 동행 이어가게 하소서.
성탄으로 오시는 당신이 가장 큰 선물입니다.
예수님 이름으로 기도합니다. 아멘.

찾아읽기 | 누가복음 1:46-55, 마태복음 28:20

|묵상&기도노트|

성탄을 기다리는 대림의 시간이 벌써 지루해지셨나요?
그리스도께선 언제나 우리와 동행하겠다고 약속하셨습니다.
이번 주간 **나를 가장 지치게 한 일**이 무엇인지 적어봅시다.
그리고 주님의 선한 도움을 구합시다.

대림절 넷째 주일

하나님 아버지, 당신의 능력과 위엄은 찬송 받기에 합당합니다.
하지만 우리를 위해 스스로 연약해지시고, 평범해지셨습니다.
멸시받는 자리까지 낮아지셨습니다.
우리에게 주신 믿음 속에 거룩한 씨앗을 심으셨으니,
작은 믿음이라도 뿌리내려 주님을 닮은
튼실한 생명으로 자라게 하소서.
주님은 하늘에서 이 땅에 오셨습니다.
이 땅의 삶 속에 있는 희로애락의 순간들,
그 모든 순간 속에 새겨져 있는 당신의 진리를 깨닫게 하소서.
평범한 일상 속에 당신의 숨결과 동행하며 살게 하소서.
작고 연약한 생명 안에 주님이 숨어 있음을 발견하게 하소서.
그 발견의 기쁨이 성탄을 기다리는 우리 안에 차오르게 하소서.
예수님 이름으로 기도합니다. 아멘.

찾아읽기 | 마태복음 2:1-6

|묵상&기도노트|

모두 무시하는 땅 베들레헴에서 태어나신 예수님.
그 아기는 작고 작은 아기에 불과했습니다. 하지만,
하나님은 그렇게 태어난 아기 안에 세상의 모든 희망을 담아두셨습니다.
그분을 향한 우리 믿음이 비록 겨자씨같이 작더라도,
하나님은 이 작은 믿음 속에 가장 위대한 선물을 운반하십니다.
평범한 일상 속에서 깨달은 하나님의 은혜를 적어보며 기도합시다.

교회력
그리고
기도

_성탄절

'성탄절'은 예수 그리스도의 탄생을 기념하고 축하하는 날입니다. 성탄절이 12월 25일로 처음 지정된 건 350년경 로마교회입니다. 로마 황제 아우렐리안 황제(270~275)는 '태양신의 날'(Sol Invictus)을 지정하여 종교적으로 로마 시민을 통합하려고 했고, 그 후로 이날은 로마의 최대 축제일이 됩니다. 로마교회는 이교도 축제였던 이 날을 기독교적인 내용으로 바꾸기 위해 그리스도의 탄생일로 지정하여 기념하게 됩니다.

교회력에 따른 기도 묵상

    일 년 중 밤이 가장 길었다가 짧아지기 시작하는 동지(12.24)를 사람들은 빛이 어둠을 이기는 특별한 날이라고 여기고 있었는데, 당시 로마 교회는 그리스도가 바로 그 빛이라고 이방 세계에 소개 하게 됩니다. 예수를 이방인의 빛으로 선포하는 기독교가 어둠의 세력을 단번에 정복하신 주님의 생일을 축하하는 것은 당연한 일입니다. 일 년 중 가장 긴 밤을 영원한 빛으로 밝혀 모든 사람을 하나님과 교감하는 삶으로 인도하는 날이 성탄절입니다.

    엄밀히 말해, 그리스도의 탄생을 축하하는 날은 12월 24일 밤부터 25일 낮까지 하루이지만, 성탄절 또는 성탄 시기는 그 후로 12일 동안이지만, 통상 주현절(1월 6일) 다음 주일인 '주님의 세례 축일'까지 계속됩니다. 성탄 시기의 교회력 색상은 기쁨과 환희를 상징하는 백색이고, 대림절에 세운 성탄트리는 주님의 세례일까지 세워둡니다. 주님의 세례일까지 이어지는 성탄 시기가 끝나면, 비축제 기간(ordinary time)에 들어가게 되는데, 그때부터 사순절 이전까지 교회 장식과 드림천은 녹색으로 바뀝니다.

    성탄의 시기에 교회는 그리스도의 탄생을 축하하며, 절망과 시련 가운데 있는 교우들과 이웃들을 찾아 중보 기도합니다.

성탄절

낮고 낮은 곳에 찾아오신 성탄의 주님 감사합니다.
성탄의 소식을 처음 마음에 담았던 떨림으로 당신 앞에 섭니다.
혼란 속에서도 흔들리지 않는 믿음을 주시어
우리 모든 일상이 귀한 성탄의 자리 되게 하소서.
주님, 이 시간 지난 한 해를 돌아봅니다.
하나님의 나라가 이 땅에 임하기를 매번 기도하면서도
우리의 이웃과 이 나라,
이 지구의 아픔에 눈과 귀를 닫고 살았습니다.
우리를 용서하여 주옵소서.
눈을 열어 불완전한 세상을 보게 하시고,
좁고 낮은 곳에서 일하시는 은총의 주님을 만나게 하옵소서.
성탄의 주님, 애통한 모든 생명을 위로하고 구원하소서.
할렐루야! 주님이 베들레헴에 나셨습니다.
예수님 이름으로 기도합니다. 아멘.

찾아읽기 | 요한복음 1:14, 누가복음 2:8-14

|묵상&기도노트|

성탄과 관련한 성경의 모든 사건은 평범한 사람과 평범한 일상에 비범하게 찾아오는 하나님을 가르칩니다. 그리고는 그곳을 은총의 자리로 바꿉니다.
일상의 삶에서 선물로 다가오는 나의 성탄의 자리는 어디인가요?

성탄 후 첫째 주일

주님, 당신의 사랑이 안전하고 부드러운 모태 안에 찾아오셨습니다.

그 작고 좁은 곳에 살아 계신 하나님의 모든 진리,

모든 거룩이 자리 잡습니다.

어둡고 초라한 오두막에

몇 사람만 보이게 별을 비추고

천사를 부르셨습니다.

겸손한 목동과 진리를 찾는 지혜로운 이들,

젊은 어머니와 믿음으로 가득 찬 아버지가

새로운 생명 앞에 절하기 위해 겸손히 찾아듭니다.

그들 앞에 구원자가 오셨습니다.

하나님의 말씀이 살아났다는 것과

하늘과 땅이 새롭게 시작되었다는 것을 그날 밤 알게 되었습니다.

주님, 이 기쁨이 지금 우리에게 가득합니다.

주님, 이 기쁨이 온 세상에 충만케 하소서.

예수님 이름으로 기도합니다. 아멘.

찾아읽기 | 마태복음 1:23, 이사야 9:6

| 묵상&기도노트 |

하나님의 아들이 높은 자리 대신
낮고 연약한 곳에 성탄 하신 이유를 묵상해 봅시다.
그리스도인들이 성탄을 통해 배울 점은 무엇일까요?

송구영신

사랑의 주님, 한 해를 마감합니다.

우리에게 베푸신 모든 은혜에 감사드립니다.

지금도 우리를 위해 일하시는 주님,

당신께서는 당신의 자녀를 돌보시고 죽음에서 건지셨습니다.

송구영신의 밤, 당신의 사랑을 내 안에 간직하게 하소서.

기쁨이 슬픔 되고, 염려와 고통의 날이 올 때,

당신의 위대한 선물, 나에게 주신 당신의 사랑을 기억하게 하소서.

그 사랑이 나를 살게 합니다.

그 사랑이 우리를 살게 합니다.

그 사랑이 세상을 살립니다.

우리 마음에 믿음의 빛이 꺼지지 않게 하소서.

우리가 그 빛으로 하늘나라와 세상을 밝히 보며

주께서 우리를 위해 마련하신 구원의 은총을 누리게 하소서.

예로부터 지금까지 또한 영원 무궁히 영광 받으소서.

예수님 이름으로 기도합니다. 아멘.

찾아읽기 | 시편 146:1-5

|묵상&기도노트|

한 해를 지나며 돌아봅니다. 한 해 마음에 담아 둔 것은 무엇인가요?
새로운 한 해의 소망과 기도 제목은 무엇인가요? 함께 기도합시다.

새해 첫날

영원하신 하나님 아버지,
당신은 시간을 손에 쥐고 계십니다.
올해도 주님의 임재를 굳건히 신뢰하게 하소서.
우리에게 일어나는 모든 일에서 절망하지 않고
주님을 붙잡을 수 있도록 힘을 주소서.
그리하여 우리 삶을 통해 온 세상이 주님의 살아계심을 알게 하소서.
주님께서는 우리 마음을 살피십니다.
우리 마음이 오직 당신의 선하고 아름다운 뜻으로 넘치게 하시어
하나님의 자녀가 있는 곳마다 성령의 은사가 열매 맺게 하소서.
우리 영혼의 틈새를 여시어 순간에서 영원을 창조하시는
주님을 만나게 하소서.
찬송 받으실 주님, 당신의 영광이 온 세계에 빛납니다.
예수님 이름으로 기도합니다. 아멘.

찾아읽기 | 시편 1:1-6

|묵상&기도노트|

새해 첫날 우리의 모든 것이 하나님과 연결되어 있다는 진리를 기억합시다.
주님과 복된 사귐이 매일 깊어지기를 바랍니다.
새해 실천할 삶의 목록을 정리해 봅시다.

교회력 그리고 기도

_주현절

　주현절은 유대인이 아닌 그리스도인에게는 가장 오래된 교회 축일이며 달력에 고정된 최초의 교회 절기입니다(나중에 '성탄절'이 추가됨). 주현절은 300년경 동방에서 유래한 것으로 추정되며 예수님의 탄생과 세례, 가나의 포도주 기적, 예수님의 산상 변모를 기념하고 축하하는 날입니다. 지역마다 축제의 초점이 달랐지만, 일부 지역에서는 세 가지 사건을 동시에 기념하기도 했습니다. 시간이 지나면서 서방교회에서는 동방박사 세 사람을 축하하는 날로 방점이 바뀌기도 했는데, 사실 성경에는 몇 명인지 기록되어 있지 않습니다.

교회력에 따른 기도 묵상

물론, 주현절은 '동방박사 세 사람'의 축제가 아니라 세상의 구세주가 우리 앞에 나타나심을 축하는 날입니다. "주현"은 "출현"을 의미하며, 1월 6일과 그 이후의 시간에는 예수님의 삶과 사역에서 우리에게 계시된 하나님의 영광, 즉 하나님이 육신을 입고 나타나신 측면이 강조됩니다.

16세기 종교개혁 당시 개신교 교회는 이 절기를 거의 수용하지 않았습니다. 다만, 루터교회만 이 절기를 채택했습니다. 지금은 많은 교회가 교파에 관계없이 이날을 기념합니다. 주현절은 그리스도의 수난과 죽음을 묵상하는 사순절로 이어집니다. 그 때문에 주현 시기의 마지막 주일은 예수님의 산상 변모에 관한 복음을 들으면서 아직 우리에게서 멀리 떨어져 있는 세상을 바라볼 수 있게 합니다. 그러나 부활을 통해 우리는 고난과 죽음의 여정이 예수님 안에서 우리에게 가까이 다가온 이 놀라운 세상에서 끝날 것임을 압니다.

주현 시기는 일반적으로 네 개의 일요일로 구성됩니다. 교회력 색상은 녹색으로 그리스도의 약속에 대한 믿음을 강조하며, 주님이 우리 삶 속에 들어오시길 기도하는 절기입니다.

주현절

하나님 아버지, 당신께서는 성탄의 빛으로 우리에게 오셨습니다.

그 빛이 우리의 길을 비추어

무슨 일을 만나든 당황하거나 걸려 넘어지지 않게 도와주소서.

그리스도의 빛이 하늘과 땅 어디나 가득합니다.

우리가 지치고 낙망하고 삶의 의심이 생길 때,

이 세상에 대한 것이 아니라 설명하거나 논쟁이 필요 없는

당신의 이야기로 우리 마음을 채우게 하소서.

당신의 생각과 당신의 말씀, 당신의 이야기에서

위로와 희망, 용기와 기쁨을 얻게 하소서.

당신은 우리에게 힘과 용기를 주십니다.

연약한 생명이 빛의 힘으로 일어나

세상 곳곳에서 회복의 기쁨을 노래하게 하소서.

우리에게 빛으로 오신 예수 그리스도의 이름으로 기도합니다. 아멘.

찾아읽기 | 이사야 60:1-6

|묵상&기도노트|

주현절입니다. 주님은 모든 어둠을 빛으로 밀어내시고 그 자리에 하나님의 열매로 채우십니다. **주님의 빛이 필요한 곳은 어디일까요?** 어린이와 노인, 장애인, 노동자와 교육 현장, 그리고 교회를 위해 기도합시다.

주현 후 첫째 주일 : 예수님의 세례

전능하시고 자비로우신 하나님,
당신께서는 세례를 통해 우리를 부르셨습니다.
하지만 우리는 당신 앞에서 설 때마다 주저하고 망설입니다.
주님, 우리를 지켜주소서.
세례받은 우리에게 살아갈 힘과 용기를 주소서.
때론 삶이 힘겨워 앞이 보이지 않습니다.
하지만 당신은 투명한 세례의 물 속에 당신의 약속을 묶어두셨습니다.
그 복된 구원의 약속과 힘을 조금씩 깨달아 매일 거듭나게 하소서.
우리의 부족함을 긍휼히 여기시어 어제보다 오늘이,
오늘보다 내일이 당신의 선하고 의로움을 닮아가는 여정되게 하소서.
모든 나약함과 어리석음을 참고 기다리는 부드러운 교사가 되게 하시고
만물이 진리의 말씀을 따라 살 수 있도록 우리를 통해 일하소서.
내 유익 보다 이웃의 필요와 요청이 무엇인지 눈과 귀를 열게 하소서.
당신의 강한 손을 교회 위에, 그리고 당신을 믿는 사람 위에 뻗어 주소서.
우리를 지키시고 보호하시어 이 땅에 하나님의 나라를 세우소서.
그리하여 당신의 복된 약속이 우리를 통해 이웃에 스며들게 하소서.
우리를 세례로 부르신 예수님의 이름으로 기도합니다. 아멘.

찾아읽기 | 마태복음 3:13-17, 이사야 42:1-9

|묵상&기도노트|

세례받고 변한 것은 무엇인가요?
언어습관, 행동, 다른 이를 위한 마음씀이 넓어지고 깊어졌는지 돌아봅시다.

주현 후 둘째 주일

하나님 아버지, 우리에게 끊임없이 은총에 내려주시니 감사합니다.

살아가는데 필요한 양식을 주시는 주님을 보면서

빈틈없이 돌보시는 은혜를 체험합니다.

주님은 가난하고 비천한 몸으로 오셨기에

가난하고 비천한 우리 사정을 잘 아십니다.

우리의 빛이신 주님,

우리에게 섬김과 사랑의 도를 보이셨으니

이제 우리가 그 일을 하겠습니다.

변덕스럽지 않게, 속이지 않으며, 평화롭고 다정하게,

정의와 평화, 섬김과 겸손의 씨앗을 뿌리겠습니다.

주님이 우리를 섬기신 것처럼 우리도 서로를 섬기겠습니다.

죽음을 끌어안으며 끝까지 사랑하신 당신의 사랑을

우리가 함께 기억하고 나누겠습니다.

예수님 이름으로 기도합니다. 아멘.

찾아읽기 | 고린도전서 1:18-31

|묵상&기도노트|

신앙인은 하나님의 능력을 자랑합니다.
죄인을 향한 겸손과 섬김, 환대와 포용, 사랑과 희생을 보여주신
그리스도를 따라 하나님의 능력을 자랑합니다.
지금 그리스도인으로 자랑할 수 있는 신앙의 이야기는 무엇인가요?

주현 후 셋째 주일

주님, 당신은 우리의 가장 가까운데 계십니다.

주님, 당신은 가장 작은 것 속에 계십니다.

주님, 당신은 가장 사소한 것 속에 계십니다.

주님, 당신은 가장 서러운 사람 속에 계십니다.

주님, 당신은 가장 억울한 사람 속에 계십니다.

우리가 그 안에서 주님을 발견하게 하소서.

그리하여 모든 사람과 모든 관계 안에서

우리를 복되게 하시는 주님을 만나게 하소서.

예수님 이름으로 기도합니다. 아멘.

찾아읽기 | 누가복음 24:13-35

|묵상&기도노트|

낙담한 제자들 곁에서 부활하신 주님이 동행하십니다.
하지만 이들은 주님을 알아보지 못합니다. 엠마오 두 제자 이야기는
오늘 우리에게 여러 생각거리를 던져줍니다.
혹시 우리도 가까이 계신 예수님을 알아보지 못하는 건 아닐까요?
이제는 우리가 이웃의 작은 예수가 되길 기도합시다.

주현 후 넷째 주일

주님, 당신께서는 언제나 우리 곁에 계십니다.
우리가 평안을 찾지 못하는 불안 속에서도
주님은 우리 곁을 지키십니다.
우리가 어둠 속에서 헤맬 때도
당신은 우리의 발에 돌이 걸리지 않도록 지켜주십니다.
말씀을 묵상하는 중에 당신의 따스한 온기로 감싸 안으십니다.
기도할 때 당신의 자애로운 품으로 끌어안으십니다.
우리의 몸과 영혼을 주님께 맡깁니다.
우리가 이웃과 선한 것을 공감하며 나눌 때
당신의 얼굴을 그 안에서 만나게 하소서.
예수 그리스도의 이름으로 기도합니다. 아멘.

찾아읽기 | 신명기 31:23

|묵상&기도노트|

하나님을 향해 짜증 내고 불평하지 않으셨나요?
언제 그런 마음이 올라오는지 돌아봅시다.
하지만, **언제 어디든 우리의 주님은 우리 곁을 지키며 동행하십니다.**
이것은 주님의 약속입니다.

주현 후 다섯째 주일

주님, 당신께서는 우리 모두를 하나님의 형상으로 만드셨습니다.

우리는 모두 고귀하며 존중받을 만합니다.

살아있는 생명 그 자체로 귀하게 대접받는 사회와 교회가 되게 하소서.

있는 그대로의 모습을 받아들이고,

선한 것과 악한 것을 치우침 없이 판단할 마음도 주소서.

그리하여 우리가 가난한 자에게 기쁜 소식을,

눌린 자에게 자유를 주며,

제 목소리를 잃은 사람의 목소리가 되게 하소서.

지금 저는 겸손한 마음으로 주님을 찾습니다. 이곳에 찾아와 주소서.

예수 그리스도의 이름으로 기도합니다. 아멘.

찾아읽기 | 누가복음 4:16-30

|묵상&기도노트|

나는 이웃들을 있는 그대로의 모습으로 바라보고 있나요?
칭찬할 일을 지나치진 않았는지, 인색하게 군 일은 없는지 돌아봅시다.
서로의 가치를 있는 그대로 존중하며 살아가길 기도합시다.

주님의 산상변모일

주님, 당신께서 우리에게 맡긴 일을 돌아봅니다.
당신의 뜻에 얼마나 잘 순종하며 따를 수 있을지 자신이 없어집니다.
하지만 이제 그런 생각 모두 내려놓고
오직 당신이 약속하신 말씀만 굳게 믿으려고 합니다.
그러나 그것마저도 제 힘이 아니라
온전히 당신 힘에 맡깁니다.
주님, 당신은 계시의 말씀 외에는
언제나 당신 뜻을 숨기는 분이십니다.
어리석은 이들은 그리스도를 통해 계시된 말씀과
당신의 뜻을 경멸하고 신기한 일과 욕망에 쫓겨
돈과 권력, 명예를 추앙합니다.
신비보다 중요한 당신의 말씀을 묵상하며 당신의 뜻을 깨닫게 하소서.
온전히 당신을 만나 진정한 변화를 누리게 하소서.
예수님의 이름으로 기도합니다. 아멘.

찾아읽기 | 마가복음 9:2-8, 출애굽기 34:29-35

|묵상&기도노트|

신비가 사라진 그 자리에 예수님과 제자만 남습니다.
신비보다 더 중요한 건 예수님의 말씀입니다.
그리고 그분은 십자가에서 당신의 모든 뜻을 밝히십니다.
우리 신앙을 돌아봅시다. 산 위에서 신비하게 변한 예수,
신비로운 예수만 믿고 있는 건 아닐까요?

교회력 그리고 기도

_사순절

　사순절은 부활절을 준비하는 40일간의 기간입니다. 부활절로부터 주일을 제외하고, 40일을 거슬러 올라가면 수요일인데 그날이 사순절의 시작인 재의 수요일입니다. 사순절은 이마에 재를 바르고 참회하는 재의 수요일을 시작으로 성주간(고난주간) 마지막 날인 토요일에 마칩니다. 40일은 예수님이 광야에서 사탄의 유혹을 이겨내며 공생애 사역을 준비하신 기간입니다. 예수님을 본받아 성도들은 이 시기에 참회와 금식, 절제를 통해 부활절을 준비합니다. 영어로 'Lent'라고 하며, 어원은 만물의 소생을 뜻합니다. 그리스도의 수난을 통해 인류에게 주어진 영원한 생명(요한 3:16)을 의미합니다.

　지금도 사순절은 참회, 금식, 절제를 통해 영적인 성장을 도모하는 시간으로 가르칩니다. 사순절, 가장 두드러진 영성활동은 '금식'이 맞지만, 이를 어떤 먹거리나 습관을 끊어야 한다는 방식으로만 축소, 해석해선 안 됩니다. 성경적 의미의 금식은 하나님뿐 아니라 그분이 창조하신 세계 앞

교회력에 따른 기도 묵상

에서 책임있는 삶을 살겠다는 신앙고백의 행동입니다. 여기에는 서로를 대하는 방식도 포함됩니다. 금식을 하나님 앞에서, 그리고 피조세계에 대한 책임 있는 삶이라고 이해한다면, 금식이 우리에게 어떤 도움이 되는지 묻기보다 어떻게 하면 우리에게 맡겨진 삶의 자리를 책임 있게 감당할 수 있는지 물어야 합니다. 사순절 색상은 참회를 상징하는 보라색입니다.

사순절의 마지막 7일은 성주간 또는 고난주간이라고 부릅니다. 성주간은 그리스도께서 예루살렘에 입성하신 날을 기념하는 '종려주일'(개신교) 또는 '성지 수난 주일'(천주교)로 시작하여 수요일까지 개인의 신앙을 조용히 돌아보는 침묵의 기간을 거쳐, 성만찬을 제정하고 제자들의 발을 씻어주신 성목요일, 십자가에 달려 운명하신 성금요일, 그리스도께서 죽음의 세계로 들어가신 성 토요일까지 이어집니다.

기독교에선 성주간 동안 축제를 금지하고 교회에서 결혼식을 열 수 없는 '닫힌 시간'으로 간주해 왔습니다. 현대교회에선 교회마다 성주간 예배를 다양한 방식으로 진행합니다. 성목요일엔 저녁엔 성찬과 세족예배로 모이고, 성금요일엔 어둠의 예배를 경건하게 드리거나 물고기 음식을 나누며 성찬예배로 모이기도 합니다. 성금요일 예배로 모이지 않는 경우, 요한 세바스찬 바흐의 마태 수난곡을 교인들이 함께 감상하기도 합니다. 이 모든 일들의 초점은 모두 그리스도의 수난을 깊이 묵상하며, 그리스도인이 가져야 할 삶의 태도를 돌이켜 세우는데 있습니다.

재의 수요일 (사순절 첫날)

거룩하고 자비로우신 하나님 아버지,

우리는 죄에서 벗어날 수 없음을 고백합니다.

우리는 생각과 말과 행위로 죄를 지었으며

원하는 선은 행치 아니하고 원하지 않는 악을 행하였습니다.

우리는 마음을 다하여 주를 사랑하지도 않았으며

내 이웃을 내 몸과 같이 사랑하지도 않았습니다.

하나님의 아들 주 예수를 보시고 우리를 불쌍히 여기소서.

우리를 불쌍히 여기시고 새롭게 하옵소서.

주님 뜻 안에서 기뻐하며 주의 길을 걷게 하소서.

하나님의 거룩하신 이름을 영화롭게 하옵소서.

예수님 이름으로 기도합니다. 아멘.

찾아읽기 | 요엘 2:13-14

|묵상&기도노트|

우리의 죄를 하나님 앞에 아프게 참회하는 재의 수요일입니다.
우리는 흙에서 나서 흙으로 돌아가는 존재입니다.
하나님 앞에서 회개하며 소망을 키웁시다.
먼지 같은 우리를 주님의 자녀로 거듭나게 하는
십자가의 복음이 우리에게 있기 때문입니다.

사순절 첫째 주일

주님, 우리의 회개를 받아주소서.

우리는 이웃에 대해 무정했으며,

다른 사람을 편견과 모욕으로 대했습니다.

우리는 우리의 소유를 낭비하였고,

환경을 오염시키는데 무관심했습니다.

저 멀리 들리는 전쟁과 비탄의 소식에 눈과 귀를 닫았습니다.

우리는 평화를 이루는 데 소홀했으며 다음 세대를 배려하지 않았습니다.

우리의 회개를 받아주소서.

주님을 향한 경건의 목록이 이웃을 향한

관심과 사랑의 실천으로 드러나게 하소서.

선하신 주님, 우리를 회복시켜주시고 온전케 하소서.

예수님 이름으로 기도합니다. 아멘.

찾아읽기 | 마태복음 6:1-4

| 묵상 & 기도노트 |

우리의 경건 생활은 어떤가요? 세상에 무관심하거나, 사람에게 자랑하려는 마음이 숨어 있지는 않은지요? 우리의 기도, 금식, 구제가 오직 하나님과 이웃 안에서 사랑으로 드러나길 바랍니다.

사순절 둘째 주일

은밀한 중에 기도를 들으시는 주님,
지난날의 불순종을 고백합니다.
자만과 위선, 인내 없었음을, 나의 실패엔 분노로,
이웃의 성공엔 시기와 질투를 했습니다.
재물과 쾌락에 몸을 기울였고, 부정직한 삶에 눈 감았던 것을,
기도와 예배에 게으름으로, 신실한 신앙이 내 안에 거할 수 없었음을,
이웃의 필요와 고통에 눈 감고, 불의와 사악함에
무관심했음을 고백합니다.
주님, 그 무엇보다 당신과 마주하기를
회피했던 우리의 모습을 회개합니다.
주님은 언제나 우리의 진심을 듣고 싶어 하십니다.
주님, 저희를 불쌍히 여기시고 용서하소서.
당신과의 깊은 사귐으로 우리의 영혼을 인도하소서.
예수님 이름으로 기도합니다. 아멘.

찾아읽기 | 마태복음 6:5-6

|묵상&기도노트|

누구에게나 하나님을 만날 작은 마음의 골방이 있습니다.
그곳에서 하나님은 당신을 기다립니다.
염려의 끈을 내려놓고 두 손을 모읍시다.

사순절 셋째 주일

길과 진리, 생명이신 주님,

우리가 하는 모든 일 가운데 동행해 주시길 기도합니다.

우리를 당신의 지혜로 가르치사 선한 곳으로 인도하소서.

당신의 손으로 우리를 이끄시고 당신의 사랑으로 붙드소서.

주님께서는 우리를 하나님의 사람으로 부르십니다.

우리가 주님의 소리를 듣고 하늘 향해 고개를 듭니다.

말과 행동 그리고 마음이 당신의 형상을 닮게 하소서.

그리스도처럼 우리도 언제 어디서나

하나님의 사람으로 드러나게 하시며

하나님의 형상을 회복하게 하소서.

예수님 이름으로 기도합니다. 아멘.

찾아읽기 | 디모데전서 6:11-16

|묵상&기도노트|

하나님은 바울을 통해 우리 모두를 '너 하나님의 사람아!'라고 부릅니다. 우리가 그리스도의 부름을 받은 사람이라면, 교회에서만 그리스도인이 아니라 **언제 어디서나 그리스도인이어야 합니다.**

사순절 넷째 주일

사랑의 하나님,
우리를 대신해 십자가에 달리신 주님을 바라봅니다.
그리스도의 수난과 십자가의 죽음을 기억하며
이 땅에 여러 이유로 고통당하는 이웃들을 함께 기억하게 하소서.
저희는 늘 자신의 아픔만 아픔이고
피를 나눈 가족의 고통만 무겁게 받아들입니다.
하지만 이제 우리가 십자가의 죽음을 통해 구원받았으니
이웃의 아픔도 나의 아픔으로 받아들이는 신앙인이 되게 하소서.
자기 안에 매몰되어 자기만의 의에 도취되지 않게 하소서.
사나운 눈빛과 냉담한 표정으로 이웃을 몰아붙이고
슬픔과 고통의 자리로 이웃을 내몰지 않게 하소서.
이제 그리스도의 죽음이 우리의 죽음이 되게 하시고
우리의 완악함이 그곳에서 사라지게 하소서.
우리를 불쌍히 여겨 주소서.
예수 그리스도의 이름으로 기도합니다. 아멘.

찾아읽기 | 에베소서 2:13-18

| 묵상&기도노트 |

십자가와 부활은 분명히 그리스도의 사건입니다.
그러나 그 사건이 우리의 사건이 되지 않는다면
우리는 매번 그리스도를 죽이는 사람이나 다름없습니다.
우리가 그리스도와 함께 죽고, 그리스도와 함께 부활하는 사람이라면,
자신만을 생각하지 않고 이웃을 내 생명으로 여기는 삶이어야 합니다.

사순절 다섯째 주일

주님, 우리는 너무나 자주 당신의 방법이 아닌
우리가 원하는 방법으로 당신의 제자가 되려고 합니다.
우리 자신의 계획을 인정해 달라고 매달리며
우리의 욕망이 성취되게 해달라고 기도합니다.
그러면서 당신을 따르는 일보다
우리 자신이 추구하는 일에 함몰되어 살아갑니다.
우리를 용서하시고 우리의 환상을 깨뜨려 주소서.
우리가 당신을 바라볼 때 실패하고 모욕당하고 고난받고
죽임당한 분으로 보지 않게 하소서.
우리가 할 수 있는 것, 할 수 없는 것, 실패와 성공, 희망과 열망,
그 모든 걸 내려놓고 온전히 하나님께 맡기며 당신만 따르게 하소서.
십자가의 안에 숨긴 하나님의 은혜를 깨닫게 하시어
우리의 실패 속에서도 하나님의 계획과 선한 인도를 깨닫게 하소서.
우리를 구원하시는 예수 그리스도의 이름으로 기도합니다. 아멘.

찾아읽기 | 마가복음 8:27-35, 고린도전서 10:12-13

| 묵상 & 기도노트 |

"너희는 나를 누구라 하느냐"는
주님의 질문은 우리를 향한 물음입니다.
나에게 예수님은 어떤 분인가요?

종려주일: 고난주일

주님, 당신을 환호하며 주인으로 모신 이들이 당신을 버렸습니다.
고문하며 조롱하고 십자가에 못 박았습니다.
바로 그 자리에 우리가 있습니다.
우리는 지금 영혼을 엄습하는 어두움을 느낍니다.
이를 감당하기 어렵고 두렵습니다.
간절히 기도하오니, 우리를 불쌍히 여기소서.
생명의 찬란함을 막아서는 관습과 제약,
두려움을 딛고 자유로이 주님을 따를 수 있도록 용기를 주소서.
세상의 빛이신 주님께서 우리의 어둠 속에 오셔서
당신의 사랑으로 저희를 도와주소서.
아득한 희망과 끝 모를 고난의 어둠 속에서도
부활의 주님을 기다리며 믿음을 지키게 하소서.
성부와 성령과 함께 영원히 살아계셔서 우리를 다스리시는
주 예수 그리스도의 이름으로 기도합니다. 아멘.

찾아읽기 | 마태복음 26:1-27:66

|묵상&기도노트|

예수님이 왕같이 예루살렘에 입성한 날을 기념하는 종려주일입니다. 예수님의 입성을 환호하던 사람들 모두 예수님을 외면해 버립니다. 심지어 제자들도 주님을 외면합니다. 이 문제가 오늘 우리에게 부메랑처럼 돌아옵니다. **혹시 우리도 분위기가 바뀌면 그리스도를 외면하지는 않습니까?** 열정적인 우리의 신앙은 일시적인 것일까요? 우리는 신실한가요? 나와 우리의 교회는 예수님을 정죄한 바리새인과 서기관의 태도와 다를 게 무엇일까요? 종려주일에 깊이 생각할 질문입니다.

성주간 목요일

우리의 주님이신 그리스도 예수님,

당신은 우리를 한 식탁으로 불러 용서하고 하나 되게 하십니다.

당신의 몸과 피를 받아든 우리가 주님 품에 안깁니다.

거룩한 주님의 식탁을 통해 우리를 거룩하게 하셔서,

당신의 자비와 사랑이 우리를 통해 곳곳마다 전해지게 하소서.

주님, 우리는 당신의 자녀이오니 우리를 붙드사

시험과 환란에서 우리를 건지소서.

주님만이 우리의 요새, 우리의 피난처입니다.

이 시간 우리의 몸과 영혼을 당신 품에 맡깁니다.

우리에게 평안을 주셔서 새로운 힘으로 내일을 맞게 하소서.

성부와 성령과 함께 영원히 살아 계셔서 우리를 다스리시는

예수 그리스도의 이름으로 기도합니다. 아멘.

찾아읽기 | 누가복음 22:7-22

| 묵상&기도노트 |

주님은 이미 배신한 가룟 유다도 마지막 만찬의 식탁에 초대하고, 앞으로 배신할 베드로도 초대합니다. 이렇듯 성찬의 식탁은 다함 없는 하나님의 사랑과 용서의 자리입니다. 그리고 주님은 여기 초대된 모든 사람의 발을 씻깁니다. 여기에는 구별이나 차별이 없습니다. **이 식탁은 오직 그리스도의 겸손과 낮아짐이 죄인을 부끄럽게 만들고 악한 삶을 돌이키게 합니다.**

성주간 금요일

전능하시고 영원하신 하나님 아버지,
당신께서는 당신의 아들을 수난의 끝으로 내몰고
끝내 십자가에서 죽게 하셨습니다.
이 모든 일이 우리를 구원하기 위한 당신의 사랑이라는 것을
신앙의 신비 가운데 깨닫게 하소서.
주님은 우리를 모든 죄에서 자유롭게 하시고
당신의 은혜 아래 새로운 삶을 살게 하십니다.
우리가 이 구원의 역사를 잊지 않도록 도와주시고,
십자가에 숨겨진 당신의 사랑이 얼마나 큰지 기억하게 하소서.
우리를 구원하신 십자가의 예수 그리스도 이름으로 기도합니다. 아멘.

찾아읽기 | 누가복음 23:26-34

|묵상&기도노트|

십자가를 묵상하는 일은 억지로 마음을 무겁게 하고 인상 쓰는 행동과 아무 상관이 없습니다. 십자가를 참으로 묵상하는 사람은 소스라치게 놀라야 합니다. 주님의 손과 발에 박힌 못과 옆구리의 창이 바로 나의 것이기 때문입니다. 그러나 십자가를 참으로 묵상하는 사람은 그리스도의 죽음 너머에 부활의 생명이 숨어 있다는 진리를 믿음 가운데 소망하는 사람입니다. **우리는 십자가를 보면서 무슨 생각을 하나요?**

성주간 토요일

주님, 지금 우리는 참혹한 시간을 보냅니다.
우리 주님이 무덤이라는 죽은 자의 세계에 들어가셨기 때문입니다.
우리에게 믿음의 눈을 주소서.
그리하여 이 일이 죽음을 정복하는
하나님의 행동이라는 것을 알게 하소서.
세례 받은 이들과 세례를 준비하는 우리 모두를 위해 기도합니다.
보이는 세계 너머 복음으로 죽음을 정복하는 그리스도를 보게 하소서.
당신의 승리가 우리 앞에 부활로 빛나길 기다립니다.
우리 속 가득한 죄의 어둠을 부활의 빛으로 정복하고
온 세상을 부활의 기쁨으로 채우소서.
부활이요 생명이신 예수 그리스도의 이름으로 기도합니다. 아멘.

찾아읽기 | 마태복음 27:57-66

|묵상&기도노트|

교회 전통에 따르면 성주간 토요일은 교인들이 함께 모여 늦은 밤까지 기도하며 새로운 신자의 세례를 준비하는 날입니다. **우리가 아는 새로운 신자들의 이름을 적고, 그들의 복된 삶을 위해 기도합시다.**

교회력 그리고 기도
_부활절

    그리스도의 부활은 기독교 초기부터 신앙생활의 정점이었고, 교회력의 모든 축일과 절기의 기준점입니다. 실제로 부활절은 성탄절 대림절 성령강림절을 정하는 중심축입니다. 부활주일은 매년 바뀌는데, 그 원칙은 니케아 공의회(325)에서 결정한 대로 "춘분 후 만월 지난 첫 번째 일요일"입니다.

    부활절이 되면, 주님의 부활을 축하하기 위해 예배 분위기가 밝아집니다. 사순절기에 부르지 못했던 대 영광송과 할렐루야를 힘차게 부를 수도 있고, 춤도 출 수 있고, 교회에서 집례하는 결혼예식도 가능해집니다. 심지어 부활절부터 성령강림절에 이르는 50일간의 기간은 기쁨의 절기라고 해서 기도할 때 무릎도 꿇지 않는 관습도 있었습니다. 부활절에 관련된 소소한 풍습도 많습니다. 우리도 그렇지만, 부활절에 빠지지 않는 게 달걀을 나눠주는 건데, 그 유래는 명확하지 않습니다. 예를 들어 달걀 자체가 부활을 상징한다는 설도 있고, 십자군 전쟁과 관련되었다는 설, 이교도의 상징이던 토끼가 달걀로 대체되었다는 설, 구레네 시몬에게 있던 기적을 기념

교회력에 따른 기도 묵상

한다는 설, 17세기 수도원에서 사순시기 육류를 금식하던 수도사들이 부활을 맞아 일종의 세례모니로 달걀을 먹었다는 설 등이 있습니다.

달걀 나눠주는 풍습 말고도 나라별 부활절 풍경도 다양합니다. 미국에선 부활절이 되면 퍼레이드 행사와 19세기부터 시작한 달걀굴리기 시합, 보물찾기 게임처럼 동네에서 달걀 찾기 같은 이벤트도 다양하게 진행되고, 이탈리아에선 어린이에게 초콜릿을 어른에겐 비둘기 모양 빵인 '콜롬바 파스쿠알레'를 선물하고 부활절 다음날엔 가족과 친구들이 피크닉을 즐기는 전통도 있습니다. 특이한 풍습도 있습니다. 헝가리에선 부활절에 물벼락을 맞을 수도 있습니다. 동유럽에선 물벼락을 맞으면 귀신이 달아나고 마음이 깨끗해진다 또는 아이를 잘 낳는다는 속설 때문에 부활절 아침 양동이에 물을 가득 든 남자들이 여자들에게 대뜸 물을 끼얹는 풍습이 있다고 합니다.

교회에서 부활을 기념하는 장식으로 백합이나 나비가 주로 사용되는데, 백합은 정결과 선, 하나님의 승리를 표방하는 전형적인 기독교 상징입니다. 나비가 부활의 상징으로 사용되는 것도 매우 자연스럽습니다. 나비는 번데기에서 자유로운 생명체로 변하는 과정을 거칩니다. 그래서 변화와 새로운 시작, 희망을 뜻하는 부활의 상징으로 나비가 애용됩니다.

부활절은 이렇듯 기쁨과 감사를 마음껏 표현하는 축제의 날입니다. 부활절은 일요일 하루로 끝나지 않고 성령강림절이 되기까지 50일간 그 분위기가 계속됩니다. 교회력 색상은 기쁨과 환희를 뜻하는 백색입니다.

부활절

전능하신 하나님 아버지,
당신께서는 당신의 아들을 죽은 사람들 가운데서 살리셨습니다.
그분의 부활을 통해 죽음이 당신의 나라와
당신의 자녀를 지배하지 못한다는 것을 알리셨습니다.
그리스도의 부활을 통해 우리를 깨끗하게 하셨고
우리에게 영원한 생명을 주셨습니다.
간절히 기도하오니 우리에게 부활의 믿음을 주셔서
언제나 당신께 기도하며 감사와 찬송을 올리는 삶을 살게 하소서.
부활하신 우리 구주 예수 그리스도의 이름으로 기도합니다. 아멘.

찾아읽기 | 요한복음 20:1-18, 고린도전서 15:1-58

| 묵상 & 기도노트 |

기도할 때 무릎도 안 꿇는다는 기쁜 부활절입니다. 주님의 부활은 단지 과거의 사건이 아니라 현재와 미래에도 영향을 미치는 하나님의 능력입니다. **주님의 부활이 나에게, 우리 교회에, 우리나라에 어떤 의미가 있는지 깊이 생각해 봅시다.**

부활절 둘째 주일

주님, 도마가 부활의 주님을 만나 새로 태어난 것처럼

우리도 새롭게 태어나게 하소서.

부활 신앙으로 교회가 거듭나게 하시어

교회가 세상 안에서 새롭게 드러나게 하소서.

주님, 당신께서는 언제나 우리 곁에 계십니다.

부활의 힘으로 살아가는 일상이 온기 있는 평화로 가득하길 기도합니다.

우리가 평안을 찾지 못하는 불안 속에서도 주님은 우리 곁을 지키십니다.

우리가 어둠에 던져질 때도 당신은 우리의 발에

돌이 걸리지 않도록 지켜주십니다.

말씀을 묵상하며 당신의 따스한 온기에 잠기게 하소서.

기도할 때 당신의 자애로운 품에 안기게 하소서.

우리에게 주어지는 삶 가운데 동행하시어

이웃과 선한 것을 공감하며 나눌 때

당신의 얼굴을 그곳에서 만나게 하소서.

부활의 주님이신 예수 그리스도 이름으로 기도합니다. 아멘.

찾아읽기 | 요한복음 20:19-31

|묵상&기도노트|

예수님이 부활하고 제8일째 되는 날, 제자들이 숨은 곳에 주님이 찾아오십니다. 거기서 부활을 믿지 못하던 도마를 만났고, 비로소 그가 주님을 믿게 됩니다. 이 때문에 부활절 다음 주일을 "도마 주일"이라고도 부릅니다. **도마는 다른 사람이 아니라 매번 흔들리며 살아가는 '나'의 다른 이름입니다.** 매번 의심하고 불안한 나를 부활의 주님이 찾아와 주시길 기도합시다.

부활절 셋째 주일

선한 목자이신 주님, 당신께서는 아들의 굴욕을 통해
타락한 세상을 회복시키며,
광야 같은 세상에서 우리를 푸른 초장으로 인도하십니다.
불안하고 신뢰할 수 없는 세상에 당신의 음성을 들려주시니 감사합니다.
귀를 열어 당신의 소리를 들을 때 그 말씀이
우리를 평안한 안식으로 인도합니다.
우리의 슬픔과 탄식이 당신 안에서 깨달음의 외마디로 변하게 하소서.
우리의 모든 것을 당신께 맡깁니다.
당신이 약속하신 영원한 안식과 풍성한 생명이
당신의 신실한 백성에게 가득 차게 하소서.
우리를 안전하게 보호하시며 온전한 생명으로 이끄시는
예수 그리스도 이름으로 기도합니다. 아멘.

찾아읽기 | 시편 23편

| 묵상&기도노트 |

사람이 살아가면서 중요한 건, 슬픔이나 기쁨이라는 감정처럼 흔들리는 것이 아닌, 흔들리지 않는 무언가가 우리 곁에 늘 있다는 걸 알아채는 일입니다. **광야 같은 삶에서도 우리가 기댈 든든한 대상, 시편 23편은 바로 그분이 '하나님'이라고 고백하며 노래합니다.** 이 찬송이 우리에게도 같은 고백이 되길 바랍니다.

부활절 넷째 주일

전능하신 창조주 하나님,
당신께서는 우리가 노래로 당신을 찬양하고 영광을 돌릴 수 있도록
우리에게 목소리를 주셨습니다.
그러나 우리는 당신을 기리며 노래하기보다
입을 다물고 찬양하지 않는 일상에 익숙해져 갑니다.
우리 삶에 깃든 모든 것이 당신 손에 있음을 깨닫게 하시어,
다시금 소리 높여 찬양하고 영광 돌릴 수 있게 하소서.
주님께 부르짖습니다.
마음으로 기쁘게 당신을 노래하며 당신의 자비에 감사하게 하소서.
우리가 함께 모인 예배의 자리에 임재하셔서
축복해 주시기를 간구합니다.
모든 천사와 함께 주님을 영원히 찬양할 수 있도록
저희를 주님의 사랑으로 채워주소서.
우리 주 예수 그리스도의 이름으로 기도합니다. 아멘.

찾아읽기 | 누가복음 19:37-40, 사무엘상 16:14-23

|묵상&기도노트|

창조주 하나님께서 우리에게 주신 선물들을 묵상해 봅시다.
부모, 형제 직장 국가 뿐 아니라 흔히 지나치는 풀 한 포기,
이름 모를 꽃 한 송이도 하나님의 솜씨이고 선물입니다.
우리는 이 하나님의 선물 가운데 살아갑니다.
그러고보면, 우리가 감사하고 찬송해야 한 수많은 이유가 있습니다.
오늘 우리가 찬송할 이유가 무엇인지 묵상해 봅시다.

부활절 다섯째 주일

자비롭고 전능하신 하나님 아버지,
주님은 언제나 우리와 함께하십니다.
지금 여기서 당신이 우리와 함께하듯
마귀의 함정에 놓인 당신의 백성과 함께하소서.
가난하고 연약한 이들, 차별과 소외 속에 던져진 이들이 떠오릅니다.
그들에게 다가가 손을 잡고 나누며 기도하는 장소마다
하늘로부터 오는 감사와 기쁨이 더욱 커지게 하소서.
우리가 비오니, 당신의 사랑이 바람이 되어
우리 모두 당신께 날아들게 하소서.
하나님의 이름이 우리 힘이 되어 당신을 섬길 것입니다.
당신에게서 넘쳐나는 생명의 기쁨이 삶의 헛된 유혹을 이기는 양식입니다.
우리의 심장이 돈과 명예에 사로잡히지 않고
오직 예수 그리스도에게만 매달리게 하소서.
당신의 때에 우리 모두 평안히 쉴 것입니다.
예수 그리스도의 이름으로 기도합니다. 아멘.

찾아읽기 | 로마서 10:9-13, 마가복음 1:12-13

| 묵상&기도노트 |

예수님이 이 땅에 오신 이유를 생각해봅시다.
주님은 세상 만물이 차별이나 구별 없이 소통하는 평화의 나라를 가르칩니다.
우리 주변에서 쉽게 차별받는 사람들을 생각해 봅시다.
그리스도의 이름으로 서로의 가치를 존중하는 사회가 되길 기도합시다.

부활절 여섯째 주일

주님, 당신께서는 어린이를 사랑하십니다.
티 없이 맑고 순수한 아이뿐 아니라
실수투성이 말썽꾸러기 아이도 사랑하십니다.
어린이 같은 우리도 당신의 사랑으로 품어주소서.
어린이에게 하나님의 나라를 약속하셨으니
우리가 그리스도와 함께 선하고 아름다운 삶을 이루게 하소서.
혼란스럽고 문제 많은 세상,
슬픔과 눈물이 마르지 않는 우리의 세계를 불쌍히 여기소서.
하나님의 선하신 뜻과 계획이 우리의 희망입니다.
우리가 믿음으로 당신의 나라에 동참하게 하소서.
하늘 꿈을 이루는 이들 속에 우리가 서 있습니다.
예수님 이름으로 기도합니다. 아멘.

찾아읽기 | 누가복음 18:15-17

|묵상&기도노트|

주님은 어리고 약한 모든 존재를 품어주십니다.
예수님을 믿는다는 우리는 얼마나 그분의 본을 따르나요?
우리 교회에선 어린이를 얼마만큼 사랑하고 용납하나요?
혹시 설교 시간에 방해된다고 예배실에서 분리하고 있지는 않나요?
예수님이 보시면 뭐라 하실까요?

부활절 일곱째 주일

주님, 니고데모를 통해 우리의 모습을 봅니다.

우리는 불안하고 흔들리며 땅의 것에 사로잡혀 삽니다.

우리의 연약함을 불쌍히 여겨 주소서.

그리하여 니고데모가 물과 성령으로 변화된 것처럼

우리도 하늘로부터 나게 하옵소서.

당신의 연약함 속에서 권능을 보며,

당신이 받은 굴욕 속에서 영광을 발견하고,

당신이 보여주신 섬김에서 하나님의 주권을,

죽음의 십자가에서 하나님의 승리를 보게 하옵소서.

생명을 파괴하고 부패하게 하는 세력이

더 커 보이는 환상에 사로잡히지 않게 하여 주소서.

사람을 수단으로 대하고 타인을 무시하는 것에서 우리를 지켜주시어

사랑과 이해의 깊음 가운데 숨어 계신 당신의 얼굴을 보게 하소서.

그리하여 우리 가운데 하나님의 나라가 임하게 하소서.

우리를 사랑과 선으로 인도하시는

우리 구주 예수 그리스도의 이름으로 기도합니다. 아멘.

찾아읽기 | 요한복음 3:1-21

|묵상&기도노트|

물감은 아무리 화려한 색상을 가지고 있어도 모이면 검정이 됩니다.
그러나 하늘의 빛은 모이면 모일 수로 투명하고 맑게 빛납니다.
**세례 받은 사람의 모임인 교회가 그렇게 빛나는
거룩한 곳이 되길 기도합시다.**

교회력 그리고 기도

_성령강림절

성령강림절은 주님의 약속대로 기도하던 제자들에게 성령이 임하신 날입니다. 이날은 유대인의 절기로 따지면, 유월절로부터 50일 후에 맞는 절기이기 때문에 오순절(五旬)이라고도 불리지만, 농사와 관련해서 보자면, 농작물의 첫 소출을 내는 초실절, 또는 칠칠절(7×7)이라고도 불립니다. 유월절과 첫 수확의 날인 칠칠절(초실절)이 유대인들에겐 종교적인 의미가 큽니다. 노예 된 땅 애굽에서 자유의 땅을 찾아 떠난 날이 바로 유월절이고, 나그네 생활을 끝내고 정착한 땅에서 첫 번째 수확을 낸 것을 감사하는 날이 바로 초실절(칠칠절), 즉 오순절인데, 이 둘(오순절, 초실절)은 모두 하나님을 통해 얻은 새로운 삶에 대한 자유와 감사를 표하는 날이 됩니다. 일종의 민족적 신앙고백의 날인 셈입니다.

애굽을 탈출한 유대인들이 새로운 삶을 얻은 오순절에 성령이 강림했다는 것은, 그리스도인들에게 또 다른 새로움을 선사합니다. 그리스도의 약속이 성취되었고, 교회가 이 땅에 시작된 징표이기 때문입니다. 성령강림의 순

교회력에 따른 기도 묵상

간 방언의 은사가 나타났다는 것은 단순히 신비한 은사를 받았다는 뜻이 아닙니다.

창세기 11장 바벨탑 사건에서 언어가 갈리고 흩어졌던 일이 있습니다. 인간의 교만은 그렇게 서로를 갈라놓고 소통을 막는 단초가 됩니다. 하지만 성령 강림은 분열의 세상을 일치와 소통으로 만드는 하나님의 능력으로 드러납니다. 그리고 이것은 성령강림과 함께 태동한 교회의 사명이 됩니다. 바벨탑이 인간 교만(죄)에 대한 하나님의 심판 사건이라면, 성령강림은 죄를 용서하고 분열된 세상을 하나 되게 하는 하나님 은총의 사건입니다.

초대교회로부터 성령강림절은 부활절과 함께 세례 베푸는 날로 지정하고, (부활절과 마찬가지로) 전야행사와 더불어 8일간 축제의 기간으로 지낼 정도로 큰 교회 축일이었지만(4세기), 후에 3일로 축소되기도 했습니다. 종교개혁의 전통을 따르는 개신교회에선 전야제 없이 단 하루만 성령강림절을 기념합니다. 그럼에도 불구하고 성령강림절은 개신교회에서도 가장 중요한 교회의 축일 가운데 하나로 꼽힙니다. 그 이유는 이날 방언의 은사가 주어진 신비한 날이기 때문이 아니라, 바벨탑에서 보인 인간의 교만과 타락을 용서하고 온 인류를 하나 되게 만드시는 성령의 능력이 우리 안에 나타난 날이기 때문입니다. 성령강림절의 색상은 불을 상징하는 붉은색입니다. 그러나 성령강림절 이후 주일은 특별한 축일이 없는 한, 신앙의 훈련과 성장을 뜻하는 녹색으로 변하고, 그 기간은 교회력 마지막 주일인 '왕이신 그리스도의 날'까지 이어집니다.

성령강림절

주님, 당신께서는 약속대로 우리에게 성령을 주셨습니다.

성령 받은 제자들을 후미진 세상에 보내신 것처럼

이제 우리의 교회가 세상의 구석진 곳을 돌보게 하소서.

길모퉁이 이름 모를 풀 한 포기에도

비를 내리시며 생명을 돌보시는 주님,

당신의 교회가 기도하오니,

우리 안에 슬퍼하며 낙망한 이들 위에 성령을 부어 주소서.

그리하여 새 힘을 얻게 하소서.

하나님을 두려워하는 양심을 우리에게 주소서.

그 민감한 양심으로 죄와 악에 대해 싸우며,

선을 도모하고 불의에 저항할 수 있게 하옵소서.

이것은 주님의 뜻이자 소원입니다.

성령으로 우리를 하나 되게 하시어

당신의 뜻을 이 땅에 이루소서.

예수님 이름으로 기도합니다. 아멘.

찾아읽기 | 사도행전 2:1-21

|묵상&기도노트|

성령 충만한 사람, 성령 충만한 교회는 어디서 발견될까요?
도움을 얻지 못하고 기댈 곳이 없는 사람, 용기를 잃은 사람, 마땅히 가져야 할 목소리를 빼앗긴 사람, 비탄에 빠진 사람 곁에서 성령 충만한 교회가 발견됩니다. 우리 교회가 그곳에서 발견되길 기도합시다.

삼위일체주일

성부 성자 성령은 한 몸을 이루십니다.
삼위 하나님을 믿는 우리가
당신이 창조하신 세상의
선한 이웃으로 살게 하소서.
자연과 사람이 어울려 살며,
하나님의 피조물이 고대하는 하나님의 자녀,
세상의 이웃이 교회에서 발견되게 하소서.
창조주 하나님께서는 온 세상에 새로운 생명을 주십니다.
교회가 온 생명과 더불어 평화를 이루는 복된 생명의 정원사 되겠습니다.
예수님의 이름으로 기도합니다. 아멘.

찾아읽기 | 창세기 2:4-19, 로마서 8:18-26, 누가복음 10:25-37

| 묵상 & 기도 노트 |

삼위일체 신앙을 실천하는 여러 목록 가운데 하나는 지구 환경을 위해 기도하는 생태 신앙입니다. **하나님이 창조하신 피조 세계의 생태 환경 문제는 전 세계에 매우 긴급한 사안입니다.** 교회가 할 수 있는 실천 목록은 무엇일까요?

성령강림 후 둘째 주일

주님, 당신께서는 모든 막힌 담을 허무시는 분입니다.

분노와 미움을 자비와 사랑으로,

분쟁을 평화로 바꾸십니다.

이 땅을 불쌍히 여겨 주소서.

슬픔의 세월을 지나 희망의 땅으로 들어가게 하소서.

남과 북이 하나 되는 희망과 용기를 품게 하시어

서로를 향한 차가운 마음에 온기가 돌게 하소서.

이 일을 위해 수고하는 공직자들을 보살펴주소서.

그들에게 지혜를 주시어 평화의 현명한 길을 일구도록 힘을 주소서.

교회를 위해 기도합니다.

주님의 몸 된 교회가 이 땅에 온전한 평화를

움트게 하는 단비 되게 하소서.

그리고 그 누구보다 세례 받은 그리스도인이

화해와 일치를 위해 나서게 하소서.

예수님 이름으로 기도합니다. 아멘.

찾아읽기 | 에베소서 2:13-22

|묵상&기도노트|

사도 바울은 '주님은 우리의 평화'라고 설명합니다. 원수처럼 벌어져 버린 관계, 그리고 막힌 담처럼 영영 관심을 닫아버린 모든 관계를 주님이 다시 이어주며 화평케 하신다고 설명합니다. **주님의 제자인 우리가 평화를 이루는 거룩한 성전이 되길 소망하며 분단된 이 땅을 위해 기도합시다.**

성령강림 후 셋째 주일

주님, 진실한 기도를 하기 원합니다.

포장 가득한 긴말 대신,

진심 어린 한 마디의 기도를 하기 원합니다.

말과 개념보다 위에 계신 당신의 존재와 사랑을

깊은 침묵 속에서 마주하기 원합니다.

주님은 우리의 기도를 들어주십니다.

이 믿음으로 당신께 기도하게 하소서.

예수님 이름으로 기도합니다. 아멘.

찾아읽기 | 마태복음 6:7-13

|묵상&기도노트|

바른 기도란 어떤 것일까요?
마태복음 6장의 말씀을 묵상해봅시다.

성령강림 후 넷째 주일

우리의 세상엔 이해하지 못한 일들이 많이 일어납니다.
하나님이 없는 것처럼 의심이 생길 때도 허다합니다.
그러나 주님, 당신은 우리의 생각과 계산을 뛰어넘는 분입니다.
당신의 무한한 자유를 우리를 위해 사용하십니다.
당신의 아들 예수 그리스도를 우리에게 주셨고,
그분의 십자가를 통해 우리를 구원하신 분입니다.
당신의 한없는 사랑에 기대어 기도하오니,
주님 보여주신 사랑의 자유를 닮게 하여 주옵소서.
폭풍 같은 세상에 희망의 세미한 음성을 들려주며,
위로와 감동의 느낌표가 되는 교회가 되게 하소서.
불의와 폭력, 전쟁이 난무한 세상 속에서
정의와 평화의 발판이 되는 교회가 되게 하옵소서.
희망 없는 세상에 소망의 창문이 될 수 있도록 도우소서.
우리를 도우시는 그리스도 예수의 이름으로 기도합니다. 아멘.

찾아읽기 | 욥기 38:1-11

|묵상&기도노트|

욥이 찾던 참 지혜, 참 축복은 어디에 있을까요? 삶의 무게로 하나님을 의심할 때가 있나요? 잠깐이라도 좋으니 조용히 **폭풍우 가운데서 새어 나오는 세미한 하나님의 음성을 들어보기를 바랍니다.** 바로 그곳에서 폭풍우를 향해 '잠잠하라 고요하라' 명하시는 하나님을 만나게 될 것입니다.

성령강림 후 다섯째 주일

하나님 아버지, 당신은 그리스도 예수 안에서

신실하게 일하시는 자비의 하나님이십니다.

그러나 우리는 늘 보이는 것, 익숙한 것에서만 하나님을 찾습니다.

그로 인해, 보이는 세계 너머의 하나님을 잊고 삽니다.

지금 우리는 죽지 않을 것처럼 살고,

살아 있어도 죽을 것처럼 살아갑니다. 우리를 불쌍히 여겨 주소서.

주님 안에 우리의 삶이, 우리의 생명이 있음을 알게 하셔서

죽음과 모든 두려움에서 우리를 자유롭게 하소서.

십자가에서 달려 죽음을 정복한 예수를 만나게 하소서.

또한 그분의 부활이 내 삶의 부활이 되게 하소서.

주님, 당신은 우리가 연약하여 수많은 위험 앞에

흔들린다는 것을 잘 아십니다.

우리 영과 육을 강건케 하사 우리를 궁지에 몰아넣는

모든 죄악을 이겨내도록 우리를 도와주소서.

주님 오실 그날에 함께 누릴 영원한 생명을 기쁨으로 노래하게 하소서.

예수님 이름으로 기도합니다. 아멘.

찾아읽기 | 마가복음 6:1-13

|묵상&기도노트|

열두 제자를 파송되는 곳의 현실을 깊이 생각해봅시다.
주님은 그런 곳에 보낼 때 둘씩 짝을 지어 보내주십니다.
우리의 믿음이 흔들리는 때 함께 나누고 기댈 사람이 누구인지 돌아봅시다.
그리고 내가 그런 기댈 사람이 되길 기도합시다.
무엇보다 우리를 믿어주고 보호하는 분이 주님입니다.

성령강림 후 여섯째 주일

자비의 주님,

당신만이 제 마음의 깊은 슬픔을 아시고

상한 마음을 치유하실 수 있습니다.

슬픔 중에 나의 위로자이신 주님,

지금 내 영혼은 힘을 잃어갑니다.

찢기고 상한 마음을 치유해 주시길 간구하며 주님께로 달려갑니다.

주님, 당신이 우리의 몸과 영혼을 창조하셨습니다.

오직 당신만이 이 깊은 슬픔을 치료하실 수 있습니다.

어머니의 태에서 저를 창조하신

당신만이 저는 다시 새롭게 하실 수 있습니다.

당신의 한없는 자비로 저를 구하여 내소서.

나의 모든 길을 살피사 당신의 뜻을 이루소서.

예수님 이름으로 기도합니다. 아멘.

찾아읽기 | 시편 139:1-24

|묵상&기도노트|

시편 139편을 묵상하면서 **주님의 도움을 구합시다.**

성령강림 후 일곱째 주일

주님, 정직하게 살게 하소서.

그 곧은 정직의 마음으로

내 안과 밖에 있는 거짓과 허위를 보게 하소서.

그리하여 바꿀 수 있는 것들을 바꿀 용기를,

바꿀 수 없는 것들을 받아들일 너그러움을 주소서.

그리고 그 차이를 아는 지혜를 주소서.

당신의 말씀을 작은 소리로 읊조리며 주의 길을 걷게 하소서.

주님, 나의 마음을 강건하게 빚으시고,

좁은 지혜를 넓혀 주시길 간절히 기도합니다.

어둠에서 길을 잃지 않게 빛을 볼 눈과

시련을 이길 힘을 주옵소서.

비록 이 땅에서 나그네처럼 살더라도

주의 계명이 나를 지키고 있음을 잊지 않게 하소서.

예수님 이름으로 기도합니다. 아멘.

찾아읽기 | 시편 119:1-30

|묵상&기도노트|

시편 119편을 구절구절 묵상하며
하나님의 율법에 대한 순종의 열망이 있는지 돌아봅시다.

성령강림 후 여덟째 주일

주님, 당신은 여기 계십니다.

주님, 당신은 저기도 계십니다.

우리가 어딜 가든지 당신은 그곳에 계십니다.

말씀이 육신이 되고, 성령으로 우리에게 오신 주님,

우리는 당신이 필요합니다.

하루 세끼 밥을 먹듯, 기도로 당신을 찾습니다.

헤아릴 수 없는 선하심으로

생명을 돌보는 당신께서 이 땅에 자비를 베풀어 주소서.

주님이 우리 곁에 계심을 더욱 분명히 알게 하소서.

주님이 말씀하실 때 또렷한 귀로 그 말씀을 듣게 하소서.

하나님 나라의 능력과 영광을 많은 사람 가운데 드러내셔서

주님의 이름을 빛내소서.

선하고 참된 세상이 이 땅에 하루빨리 시작되게 하소서.

예수님 이름으로 기도합니다. 아멘.

찾아읽기 | 요한복음 1:10-13

| 묵상&기도노트 |

요한복음은 예수님만 하나님의 아들이 아니라
그분을 믿는 모든 사람이 '하나님의 자녀'라고 선언합니다(요 1:12).
아기 예수와 함께 하셨던 하나님의 손길이 우리에게도 똑같이 임합니다.
하나님의 자녀인 우리가 해야 할 일은 무엇일까요?
가정, 일터, 교회에서 내가 할 일을 적어보고,
주님의 도움을 구하며 기도합시다.

성령강림 후 아홉째 주일

사랑의 주님,

당신께서는 우리를 하나님의 형상으로 만드시고

모든 것을 우리와 함께 나누려고 하셨습니다.

처음 우리를 창조하도록 부추긴 것도 당신의 사랑이었고,

진리의 길을 걷도록 진노하셨던 것도 당신의 사랑 때문이었습니다.

그러나 우리가 당신께 등을 돌릴 때 주님의 가슴은 무너져 내리고,

허무한 것들을 쫓고 있을 때 주님은 울지 않을 수 없었으며,

지혜를 무시하고 악을 행할 때 당신은 아파하지 않을 수 없었습니다.

이제 우리를 다함없이 사랑하는 당신의 자비를 다시 바라봅니다.

주님, 우리 안에 당신의 선한 형상, 사랑의 형상을 회복하게 하소서.

그리하여 하나님을 사랑하며 이웃을 내 몸과 같이 사랑하며 살게 하소서.

예수님 이름으로 기도합니다. 아멘.

찾아읽기 | 요한일서 4:7-9

|묵상&기도노트|

성경은 끊임없이 '하나님은 사랑'이라고 선언합니다.
그분은 우리를 있는 그대로 받아주시고 품어주십니다.
적어도 교회라면 이런 하나님의 성품을 따라 열린 공동체여야 합니다.
**우리는 어떤가요? 혹시 하나님의 이름으로 심판하고
가르고 미워하고 있지는 않은지요?**

성령강림 후 열째 주일

하나님 아버지,

당신께서는 우리를 복된 파수꾼으로 세우셨습니다.

주님이 주신 선한 소명으로 이 시대를 향한

당신의 뜻을 헤아리게 하소서.

무엇보다 우리를 바로잡아주소서.

우리 눈을 열어 내 잘못을 보게 하시고,

주님 뜻에 합당치 않은 일들이 무엇인지 깨닫게 하소서.

우리에게 힘을 주소서.

더 많은 이가 하나님의 파수꾼이 되게 하소서.

사람들의 마음이 일렁이는 곳마다

파수꾼의 외침이 들리게 하소서.

이 소명을 감당하는 모든 그리스도인이

주님 다시 오시는 그날, 감사와 기쁨으로 당신을 만나게 하소서.

예수님 이름으로 기도합니다. 아멘.

찾아읽기 | 이사야 52:6-8

|묵상&기도노트|

**세례 받은 사람은 하나님 나라에서 파견된
정찰대이며 복된 파수꾼입니다.**
주님은 이 소명 가운데 살아가는 모든 이들을 격려하고 힘주십니다.
주님의 선한 소명을 이루기 위해 기도합시다.

성령강림 후 열한째 주일

하나님 아버지,

당신은 우리의 모든 것을 아십니다.

스스로에게 향했던 부정적이고

해로운 모든 말과 생각을 용서해 주소서.

더는 이런 식으로 자신을 학대하지 않겠습니다.

주님께서는 당신을 믿는 이들을 지키시며 존귀하게 드높이십니다.

연약한 우리를 놀랍고 사랑스럽게 감싸 안으십니다.

습관을 바꾸고 제 혀로 삶의 희망과 은혜를 고백하게 하소서.

예수님 이름으로 기도합니다. 아멘.

찾아읽기 | 시편 119:132-150

|묵상&기도노트|

'하나님의 자녀'라는 말은 허언이 아닙니다.
주님이 우리를 지키고 보호하십니다. 이 믿음이 우리를 살립니다.

성령강림 후 열둘째 주일

주님, 당신께서는 우리에게 일용할 양식을 약속하셨습니다.
간절히 구하오니 일용할 양식을 주소서.
우리 몸에 영양을 공급하는 착한 음식,
누구라도 공유할 수 있는 삶의 공간,
기쁨으로 연결된 사람들,
생각을 아름답게 인도하는 적절한 말,
평화롭게 머물며 기도할 안식의 자리,
이 모든 것이 우리에게 일용할 양식입니다.
그중에서도 가장 큰 일용할 양식은 주님, 당신입니다.
주님, 이 모든 일용할 양식을 허락하소서.
당신께서 허락한 일용할 양식을 세상과 나누겠습니다.
예수님 이름으로 기도합니다. 아멘.

찾아읽기 | 누가복음 11:2-3, 야고보서 2:14-17

|묵상&기도노트|

주님께서는 하늘 아버지께 '일용할 양식'을 기도하라고 하십니다.
우리가 기도해야 할 일용할 양식이 무엇인지 묵상하고 기도합시다.

성령강림 후 열셋째 주일

주님, 당신은 만물의 창조주이십니다.

세상의 모든 생명이 당신의 사랑에서 나왔습니다.

우리는 당신의 창조에 감탄하며 찬송합니다.

우리를 이 땅의 충실한 청지기로 삼아주소서.

당신의 피조 세계가 모독당하고 착취당하고 있습니다.

신음하는 대지 너머 당신의 격한 호흡이 느껴집니다.

주여, 당신의 진노를 거두시고 이 땅에 자비를 베푸소서.

온 세계가 당신의 구원을 기다립니다.

거룩한 영의 숨결이 모든 피조물 가운데 거하게 하소서.

이 땅을 당신의 자비로 아름답고 새롭게 하소서.

당신의 자녀가 여기 있사오니

우리로 하여금 당신의 일을 이루어 가소서.

예수님 이름으로 기도합니다. 아멘.

찾아읽기 | 로마서 8:18-26

| 묵상&기도노트 |

생태 환경에 대한 기도와 관심은 신앙 밖의 일이 아닙니다.
우리가 가정과 교회에서 실천할 목록을 정하고 기도합시다.

성령강림 후 열넷째 주일

우리에게 생명을 주신 주님,

지금 우리가 살아있음을 감사드립니다.

볼 수 있는 눈과 들을 수 있는 귀,

생각하고 말할 수 있는 마음과 입을 주셔서 감사합니다.

그러나 그 무엇보다 저를 혼자 두지 않으셔서 감사합니다.

당신께서는 나에게 사랑하는 이들을 주시고

서로 기댈 이들을 주셨습니다.

사랑의 주님, 당신은 언제나 저의 발걸음을 안전하게 인도하십니다.

우리의 걸음이 집으로 향할 때마다

당신의 말씀이 발판 되게 하시어

혼자의 길이 아니라 주님과 동행하는 길,

살아있는 삶이라는 걸 깨닫게 하소서.

주님은 언제나 우리와 동행하십니다.

예수님 이름으로 기도합니다. 아멘.

찾아읽기 | 히브리서 13:1-8

|묵상&기도노트|

주님은 모든 갇힌 자, 학대받는 자, 고통받은 이와 함께 하시겠다고 약속하셨습니다. **우리 주변에 억울한 사람, 목소리를 빼앗긴 이들이 누구인지 생각하며 기도합시다.** 그리고 이런 일들의 원인이 어디서 시작하는지 깊이 생각해 봅시다.

성령강림 후 열다섯째 주일

하늘에 계신 하나님 아버지,

우리가 경험하는 모든 일 속에

감사와 찬송이 넘치길 기도합니다.

당신의 자녀들이 정직한 마음과 깨끗한 정신으로

구주를 따르게 하소서.

모든 악한 일과 불의한 일에서 우리를 지켜주소서.

지금 이 시대 속에서 당신의 기적과 통치를 경험하고 싶습니다.

당신의 이름으로 간절히 구하오니,

하나님의 뜻이 하늘에서와 같이 이 땅에서도 이뤄지게 하소서.

우리에게 복을 주사 우리에게 소명하신 모든 일을 감당케 하소서.

예수님 이름으로 기도합니다. 아멘.

찾아읽기 | 에베소서 5:20

| 묵상&기도노트 |

우리의 일상은 하나님이 주신 선물이고,
주님이 우리와 일하시는 터전입니다.
범사에 감사할 제목을 찾아보고 감사의 기도를 드립시다.

성령강림 후 열여섯째 주일

주님, 그 어떤 것도 당신을 혼란스럽게 못 합니다.

아무것도 당신을 두렵게 할 수 없습니다.

모든 것은 다 지나가고 변합니다.

그러나 오직 주님만이 영원히 변치 않습니다.

하나님을 가슴에 품은 사람은 아무것도 부족함이 없습니다.

주님, 당신만으로 충분합니다.

시련 중이더라도 당신을 잃지 않게 하시고,

인내로 당신의 얼굴을 기다리게 하소서.

예수님 이름으로 기도합니다. 아멘.

찾아읽기 | 로마서 5:1-6

|묵상&기도노트|

로마서 5장에서 바울이 고백하는 구절을 천천히 읽어봅시다.
**환난 중에도 즐거워할 수 있는 넉넉함과 용기가
어디에서 비롯되는지 묵상해 봅시다.**

성령강림 후 열일곱째 주일

주님, 저에게 밝은 눈을 주소서.

그리하여 세상의 아름다움을 보게 하소서.

주님, 저에게 잘 들리는 귀를 주소서.

사람 속에 숨겨진 당신의 소리를 듣고 싶습니다.

주님, 저에게 부드럽고 온화한 손을 주소서.

슬픈 이의 손을 잡아주겠습니다.

주님, 분명한 목소리를 주소서.

어려운 시대에 따스하고 청명한 말을 하겠습니다.

주님, 제게 빠른 발을 주소서.

내일을 위해 달려가며 소망의 청사진을 보여주고 싶습니다.

주님, 이 모든 선물 뒤에 조용한 안식을 허락하소서.

주님 안에서 영원히 쉬고 싶습니다.

예수님 이름으로 기도합니다. 아멘.

찾아읽기 | 디모데후서 4:1-8

| 묵상&기도노트 |

주님이 나에게 주신 특별한 소명이 무엇인지 생각해 봅시다.
가정, 일터, 교회에서 나는 어떤 일로 부름을 받았나요?

성령강림 후 열여덟째 주일

주님, 당신께서는 매일 새로운 일을 주십니다.

때로는 혼란스럽고 어리둥절합니다.

어디로 가야 할지 모르고 혼란스럽습니다.

주님, 당신은 나의 길이며 진리요, 생명입니다.

당신의 내 삶의 중심이오니 매일의 삶에서 당신을 만나게 하소서.

모든 선한 일에서,

모든 관계 속에서,

모든 시련 속에서,

선하고 자비로우신 당신을 보게 하소서.

그리하여 어떤 상황에서도 주님이 나를 붙들고 있음을 깨닫고,

당신의 사랑으로 새로 태어나게 하소서

예수님 이름으로 기도합니다. 아멘.

찾아읽기 | 이사야 41:10

| 묵상&기도노트 |

하나님은 당신의 자녀가 두려움과 불안에 시달릴 때 말씀으로 위로하고 믿음을 주십니다. **힘들 때 암송할 수 있는 성경 구절이 무엇인지 적어봅시다.**

성령강림 후 열아홉째 주일

오 하나님, 온 마음으로 당신을 사랑합니다.

하지만, 이것이 나에게 가장 큰 슬픔입니다.

마음으로는 당신을 사랑한다며 몸으로는 당신 없이 살아갑니다.

오, 주님. 저를 불쌍히 여기소서.

저에게 등을 돌리지 마시고 자비의 품으로 보듬어 주소서.

당신 앞에 저의 모든 죄를 고백하고 돌려세웁니다.

주님, 당신의 은혜와 사랑에서 분리되지 않게 저를 붙드소서.

당신의 사랑과 용서를 만나는 이들에게 나누겠습니다.

주님은 사랑이고, 용서입니다.

성령이여 우리를 도우소서.

예수님 이름으로 기도합니다. 아멘.

찾아읽기 | 로마서 7:22-24

| 묵상&기도노트 |

우리는 죄의 법과 하나님의 법 사이에서 갈등합니다.
이런 내면의 갈등은 그리스도인의 삶에서 계속되는 영적 시련입니다.
최근 내 안에서 일어나 이런 일들을 적어보고 성령의 도움을 구합시다.

성령강림 후 스무째 주일

하나님 아버지, 감사합니다.
당신께서는 나에게 건강, 가족, 친구, 집, 그리고
매일 예상치 못한 축복을 내려주셨습니다.
제 삶을 인도하신 주님, 당신의 보호와 인도를 구합니다.
시련을 이길 인내와 강인함을 주시어
주님의 사랑과 보살핌을 기억할 수 있게 하소서.
일상 속에서 주님의 임재를 깨닫게 하시어
선택의 시간 앞에 설 때 바른 결정을 내릴 지혜를 주소서.
힘든 시기를 겪고 있는 이웃을 위해 기도합니다.
그들을 위로하시고 힘을 주소서.
병과 경제적 압박에 있는 이들을 도우시되,
제가 할 수 있는 일이 있다면 제 손을 사용하시어
그곳에 희망의 씨앗을 심으소서.
주님은 우리의 참된 위로, 참 소망입니다.
주님의 나라를 찬송합니다.
예수님 이름으로 기도합니다. 아멘.

찾아읽기 | 레위기 5:6-13

|묵상&기도노트|

레위기 5장에서 하나님은 추수 때 밭의 모퉁이를 남겨두고, 떨어진 이삭을 줍지 말라고 하십니다. 가난한 이웃과 나그네를 위한 배려의 말씀입니다. **하나님의 자녀인 나는 내 소유에서 이웃을 위해 얼마만큼의 모퉁이를 만들며 살고 있나요?**

성령강림 후 스물한째 주일

하나님, 하늘과 땅의 모든 성도가

예수 그리스도의 오심을 기다립니다.

당신을 고대하며 오늘을 살아갑니다.

당신께서는 앞서 간 성도들과 우리를 하나 되게 하셨습니다.

주님의 은혜를 입은 우리 삶에 감사와 찬양,

믿음과 기쁨이 가득하게 하소서.

우리의 기도를 들어주소서.

우리는 주의 권능으로 다시 태어난 주님의 백성,

당신의 나라를 위해 모인 사람들입니다.

우리가 주께 받은 은혜와 능력을 잘 간직하게 하소서.

주님의 그날까지 온 세상을 구원하시는 주의 손을 멈추지 마소서.

인내와 소망 가운데 당신의 날을 고대합니다.

예수님의 이름으로 기도합니다. 아멘.

찾아읽기 | 마태복음 24:29-31

|묵상&기도노트|

그리스도인은 지금 이 순간을 마지막 때처럼 살아가는 이들입니다.
매 순간 하나님 앞에서 진지하고 정직하게 살아야 합니다.
마지막 날 주님 오실 그때, 주님께 자랑할 것이 무엇이 있을까요?

성령강림 후 스물둘째 주일

주 우리 하나님,

세상의 징조를 보니 분명히 당신의 나라가 가까이 왔습니다.

당신께서는 우리를 늘 지켜주시겠다고 약속하셨으니

어떤 시련에도 주님의 약속을 의지하겠습니다.

당신은 결국 모든 일을 당신의 뜻대로 이루실 것입니다.

주님을 신뢰하며 인내와 기쁨으로 기다리게 하소서.

오 주님, 우리 위에 위로의 손을 얹으시고 구원의 능력을 베푸소서.

주님은 우리의 모든 필요를 아십니다.

각 사람의 마음을 살피시고 어떻게 도우실지 다 알고 계십니다.

우리에게 하늘의 복을 허락하소서.

우리가 주님의 이름을 높이겠습니다.

아버지의 나라가 오게 하시며

주의 뜻이 하늘에서와 같이 땅에서도 이루어지게 하소서.

예수님 이름으로 기도합니다. 아멘.

찾아읽기 | 베드로후서 3:13-14

| 묵상&기도노트 |

주님은 언제 어디서나 기도하는 사람을 가장 가까이서
가장 선한 것으로 응답해 주십니다. 종말의 징조가 보이는
악한 현실일수록 주님은 기도하는 이를 찾으시고, 도우십니다.
구하면 주실 것이고 찾으면 찾을 것이라는 말씀은 주님의 복된 약속입니다.
우리의 필요를 아시는 주님께 기도합시다.

성령강림 후 스물셋째 주일 : 추수감사

하나님 아버지, 우리에게 주신 모든 축복과 은혜를 감사드립니다.
이 세상은 모두 주님의 손으로 빚어졌고
당신의 은혜와 사랑으로 가득합니다.
우리의 가정과 일터, 교회가 선하신 은혜를 찬송합니다.
오늘 우리는 교회의 이름으로 기쁨을 함께 나누되
이웃을 사랑하고 섬기기 위해 기도합니다.
하나님, 세상 모든 생명이 주님 손 아래서 지켜지고 존중받게 하소서.
이 결실의 계절에 교회의 찬송과 기도가 여기에만 머물지 않게 하소서.
교회 밖 냉기가 흐르는 자리에 당신의 복된 소식이
따스한 사랑으로 열매 맺게 하소서.
연약한 이웃들을 위해 기도합니다.
주님의 사랑과 돌봄이 이 교회를 통해 곳곳에 스며들게 하소서.
당신의 몸 된 교회와 세례 받은 모든 이에게 복을 내리소서.
그리하여 아브라함에게 주신 축복이
우리의 기도와 섬김을 통해 이뤄지게 하소서.
감사의 근원이신 그리스도 예수님 이름으로 기도합니다. 아멘.

찾아읽기 | 빌립보서 4:6-9

|묵상&기도노트|

우리는 하나님께 얼마나 감사하며 살고 있나요?
감사의 제목을 적어봅시다.

교회력 마지막 주일: 왕이신 그리스도의 날

왕이신 주님,

당신은 가장 낮은 곳, 가장 비참한 순간 속으로 들어오셨습니다.

그 모든 사망의 잿빛을 찬란한 생명의 빛으로 바꾸셨습니다.

어둡고 악한 시절을 살아내는 당신의 자녀들을 기억하소서.

주님의 도움을 구하며 기도할 때 들으소서.

그리고 가장 선하고, 가장 복된 것으로 응답하소서.

주님께서 오시기까지 우리의 기도는 쉼이 없습니다.

만물을 구원하시는 당신의 영광이 이 땅에 가득하길 소망합니다.

당신은 모든 시간과 모든 공간의 왕이십니다.

주님의 강림을 기다립니다.

당신의 뜻이 하늘에서 이뤄진 것처럼

우리를 통해, 교회를 통해 이 땅에 이루소서.

왕이신 그리스도 예수님 이름으로 기도합니다. 아멘.

찾아읽기 | 에스겔 34:11-24, 마태복음 25:31-46

| 묵상 & 기도노트 |

왕이신 그리스도의 날, 기억해야 할 것은 **우리의 주님께서 모든 세상, 모든 시간을 통치하신다는 사실입니다.** 주님을 믿음으로 의지하고 그의 다스림을 바라는 모든 성도를 위해 기도합시다. 모든 시간과 공간, 생명과 죽음도 주님의 선하신 손에 맡기고 기도합시다.